Christopher Pohl

# Medien und wie sie Geschichte machen

## Mediengeschichte - Medien und Influenz - Wirkungsweisen

GRIN Verlag

**Bibliografische Information der Deutschen Nationalbibliothek:**

Die Deutsche Bibliothek verzeichnet diese Publikation in der Deutschen National-
bibliografie; detaillierte bibliografische Daten sind im Internet über http://dnb.d-
nb.de/ abrufbar.

**Impressum:**

Copyright © 2009 GRIN Verlag GmbH
Druck und Bindung: Books on Demand GmbH, Norderstedt Germany
ISBN: 978-3-640-89426-0

**Dieses Buch bei GRIN:**

http://www.grin.com/de/e-book/136118/medien-und-wie-sie-geschichte-machen

**GRIN - Your knowledge has value**

Der GRIN Verlag publiziert seit 1998 wissenschaftliche Arbeiten von Studenten, Hochschullehrern und anderen Akademikern als eBook und gedrucktes Buch. Die Verlagswebsite www.grin.com ist die ideale Plattform zur Veröffentlichung von Hausarbeiten, Abschlussarbeiten, wissenschaftlichen Aufsätzen, Dissertationen und Fachbüchern.

**Besuchen Sie uns im Internet:**

http://www.grin.com/

http://www.facebook.com/grincom

http://www.twitter.com/grin_com

# Inhaltsverzeichnis

# 1 Einleitung

In meiner Facharbeit werde ich den Einfluss von Medien, speziell neuer Medien in grundsätzliche Fragen des Lebens behandeln. Den Anreiz für meine Themenwahl fand ich in verschiedenen Bereichen meines Alltags. Ich lese täglich Zeitung und nutze das Internet. Wer gleiches tut, wird sicherlich merken, wie sich Fernsehen, Zeitung und Nachrichten häufig widersprechen. Klare und vor allem zuverlässige Informationen zu bekommen ist nur schwer möglich, vor allem nicht für unwissende Menschen, oder solche die sich nur als Rezipienten des Rundfunks betätigen und in ihrer selbst verschuldeten Unmündigkeit gefangen bleiben.

Anfangs wollte ich mich auf den Einfluss auf Jugendliche begrenzen, allerdings war das Angebot an Fachliteratur ohnehin schon spärlich, Quellen die sich speziell mit dieser Thematik auseinandersetzen waren leider nicht zu finden. Also formulierte ich mein Thema um und überlegte mir „Medien und wie sie Geschichte machen", denn meine Facharbeit behandelt nicht nur den Einfluss und Umgang mit Medien an sich, sondern auch wie Medien ihre innerstaatliche Stellung der vierten Gewalt[1] festigen konnten.

Dazu muss als erstes die Transformation des medialen Einflusses und des Medienapparates selbst untersucht werden.

Ich habe mich bei der historischen Aufarbeitung der Thematik auf die späte Neuzeit, beziehungsweise Neueste Geschichte und alles Folgende, beschränkt um den Rahmen dieser Facharbeit nicht zu sprengen.

Den Anfang findet meine chronologische Zusammenfassung in der dritten Medienrevolution, Mitte des 19. Jahrhunderts. Im nächsten Kapitel werde ich den Einzug elektronischer Medien in den Alltag der Gesellschaft schildern, danach die globalisierte Digitalisierung mittels neuer Medien. Den Einfluss von Medien, in politischer, ökonomischer und sozialer Hinsicht werde ich im nächsten Abschnitt erläutern. Dem folgt die Auswertung meiner praktischen Arbeit, eine demoskopische Erhebung mittels einer Umfrage, welche online über ein Formular durchgeführt wurde.

---

[1] http://www.uni-lueneburg.de/medienkulturwiki/medienkulturwiki2/index.php/Medien/Systematisierung_von_Medien_nach_Technikeinsatzleipzig.de/~eurlaw/cms/cms/upload/Material_Kotzur/WS_2006_07/Medien_als_vierte_Gewalt_im_Staat.pdf

## 2.1 Medienwandel im Industrie- und Massenzeitalter

In Deutschland war das 19.Jahrhundert und dessen medienkulturelle Umwälzung geprägt von vier, symbiontischen Schlüsselphänomen, nämlich Bevölkerungswachstum, technischer Fortschritt, Industrialisierung und eine immer deutlichere gesellschaftliche Schichtendifferenzierung.

Das massive Bevölkerungswachstum von circa 26 Millionen Menschen, zwischen 1830 und 1900 auf 56 Millionen Einwohner[2], erfolgte im Kontext der Industrialisierung, besonders sprunghaft ab 1860 in den großen Städten des Ruhrgebietes. Die dadurch begründete, anfängliche, Massenverarmung und Migration wurde allerdings schnell durch wirtschaftlichen Aufschwung und verbesserte Lebensstandards abgelöst.

Die positiven Effekte der gesteigerten Bevölkerungsanzahl waren nur durch den technischen und naturwissenschaftlichen Fortschritt dieser Zeit möglich, revolutionäre Erfindungen veränderten und erleichterten das Leben der Bevölkerung maßgeblich, wie beispielsweise
die Dampflokomotive, der Elektromotor, die Glühlampe oder der Kühlschrank, all diese nahmen Einfluss auf die Lebensgestaltung jener Zeit.

Bei diesem Fortschritt handelt es sich natürlich um ein Merkmal der, globalen, industriellen Revolution. Eben jene brachte einen großen ökonomischen Umschwung, weg von einer einfachen, lokalen Marktwirtschaft, hin zu einer kapitalistisch orientierten. Weg von der agrarischen Produktion, hin zur industriellen Massenproduktion.

Der Mechanisierung oder Maschinisierung folgte die Zeit der Gründer und Unternehmer, monopolistische Konzerne und Kartelle wurden geschaffen, genauso Großbanken und Aktiengesellschaften.

Aus den anfänglich ökonomisch orientierten Veränderungen folgten natürlich auch soziale.

Das alte Modell der bürgerlichen Stände zerbrach und wurde am Ende des Jahrhunderts durch eines der kapitalistischen Massengesellschaft abgelöst[3].

Die Gesellschaftspyramide wurde im gesamten differenzierter und breiter. Oben standen Unternehmern oder Politiker, die neue Mittelschicht gründete sich auf Rechtsanwälte, Ärzte oder Lehrer.

Die soziale Unterschicht bildeten unter anderem Tagelöhner, Dienstboten Bettler und Prostituierte.

Ein Wandel der Gesellschaft, Industrie und Technik ging natürlich mit einem Wandel der Medien einher. Im Jahre 1854 entstand das erste Bundesgesetz, das die Pressefreiheit, mit bestimmten Einschränkungen, in den Grundrechten der Bevölkerung etablierte.

Bis zur Gründung der Weimarer Republik blieb dieses Gesetz auch weitestgehend unangetastet, so wuchs der Einfluss der Medien auf politische Sphären.

Der ab 1830 boomende Zeitungsmarkt, die Bedeutung des Journalismus als medienübergreifendes System zur Informationsofferierung und die Bedeutung des Flugblattes als Meinungsbildendes Instrument der Öffentlichkeit stieg ebenfalls in jener Zeit.

Vor allem zu Zeiten der Revolution, 1848 oder während des deutsch-französischen Krieges lässt sich deren Bedeutung erkennen. Ende des neunzehnten Jahrhunderts

---

[2] Mediengeschichte von 1700 bis ins 3. Jahrtausend ; Seite 60
[3] Mediengeschichte von 1700 bis ins 3. Jahrtausend ; Seite 61

hielten die elektronischen Medien, wie Telefon, Schallplatte und Film Einzug in die mediale Wirklichkeit der Bevölkerung. Tatsächlich ist von medialer Wirklichkeit zu sprechen, sowohl optischer als auch akustischer. Vor allem Schallplatte und Film suggerierten eine direkte Wiedergabe von Wirklichkeit mit dem Anschein unverstellter Unmittelbarkeit[4].

## 2.2 Einzug elektronischer Medien

Die Entfaltung der neuen elektronischen Welt des zwanzigsten Jahrhunderts sah Aufstieg und Hochzeit vor allem der neuen Massenmedien.
Hörfunk, Film, Fernsehen, Schallplatte und Video leiteten, nicht unbedingt den Untergang, auf jeden Fall aber den Niedergang klassischer Primärmedien[5] wie Theater oder Oper ein.
Tertiärmedien[6], wie Sekundärmedien[7] konnten mittels der neuen, elektronischen Massenmedien erst solche werden und der ganzen Gesellschaft zugänglich gemacht werden.
Dominante Funktion der Medienkultur von 1900 bis 1990 insgesamt, war Herrschaft. Primär ging es in der ersten Hälfte dieser Zeit um Macht, auf politischer Ebene, in der zweiten Hälfte waren ökonomische Interessen vorrangig.
Für die gesamte Zeitspanne muss Zeitung und Zeitschrift eine gesellschaftsprägende Bedeutung zugesprochen werden. Allerdings ist diese Bedeutung nicht nur positiv zu sehen, bedeutendste Beispiele sind Weimarer Republik und Drittes Reich, worauf ich in 3.1 noch eingehen werde. Nach 1945 taten sich beide als Instrumente zu Stärkung einer demokratischen Öffentlichkeit hervor und wuchsen in eine positivere Rolle.
Das Buch wurde allmählich verdrängt durch die neuen Tertiärmedien wandelte sich vom Kulturmedium über das Massenmedium zum Elitemedium, welches um seine Rezipienten kämpfen musste.
Zahlreiche andere Medien wie das Blatt, der Brief, das Foto, das Heft, das Plakat und das Telefon boomten mit ganz unterschiedlichen Funktionen, verbargen ihren Mediencharakter jedoch hinter der Alltäglichkeit und Selbstverständlichkeit ihres Gebrauchs. Dies lässt sich vor allem am Medium Telefon und seiner, aus dem Alltag nicht mehr wegzudenkenden, Relevanz erkennen. Ebenso errang die Fotografie als öffentliches Gedächtnismedium in der Konnexion mit Zeitung, Zeitschrift und Plakat eine zentrale Rolle des visuellen Zeitalters.
Das Radio hingegen entwickelte sich vom Leitmedium des 2. Weltkrieges zum Begleitmedium, hauptsächlich verdrängt durch das unterhaltsamere Fernsehen.
Das Fernsehen schließlich steht für das neue Leitmedium schlechthin in Deutschland auch über die Jahrhundertwende hinaus. Es war und ist sowohl Forum für den

---

[4] Mediengeschichte von 1700 bis ins 3. Jahrtausend ; Seite 62
[5] Primärmedien: Primärmedien sind leibgebunden und treten in der Kommunikation von Angesicht zu Angesicht auf, in der unmittelbaren Verständigung zwischen Menschen. Somit sind alle Medien gemeint, die keinen Einsatz von Technik für die Vermittlung benötigen
6 Tertiäre Medien sind solche Medien, bei denen sowohl die Produzenten als auch die Rezipienten "Geräte" benötigen (vgl. Pross 1972: 224). Beginnend mit der Telegraphie haben sich im 19. und 20. Jahrhundert zahlreiche elektronische Kommunikationsmittel gebildet. Wie die Telegraphie sind auch das Telefon, der Rundfunk und das Fernsehen als technische Transportmedien beschreibbar, bei denen zum Senden, zum Transport sowie zum Empfang des Medieninhalts technische Geräte nötig sind.
7 Die Sekundärmedien unterscheiden sich von den Primärmedien durch den Einsatz von Technik auf der Produktionsseite und damit in gewisser Weise ihre Nachfolger. Unter den Begriff der Sekundärmedien fallen zum Beispiel die Schriftrolle, der Kalender, das Buch und mit Erfindung der Druckerpresse zudem die noch heute geläufigen Medien Zeitung, Zeitschrift, Brief, Flugblatt, Buch, Plakat und Heft.

politischen und kulturellen Austausch als auch serielle Unterhaltungsmaschine für jedermann.
Dabei vollzog sich eine Unterordnung von Kommunikation, Information und Kultur unter rein ökonomische Interessen, welche bereits beim Hugenberg-Konzern zu erkennen war. Dieser war von 1914 bis 1933 als erste Mediengruppe Deutschlands unter Führung der nationalkonservativen Ausland GmbH. Sie war für die Propagandaorganisation der deutschen Schwerindustrie zuständig und bis zur teilweisen Verstaatlichung 1933, die größte und profitabelste Mediengruppe. Die ökonomische Neuorientierung der Medien dauerte bis in die 80er Jahren an und fand in Gestalt der großen Medienmultis, allen voran Bertelsmann und die Axel Springer AG, ihre Vollendung.
Die neue elektronische Welt Ende des 20. Jahrhunderts zeigt den Sieg der Kommunikations- und Medienindustrie über das politische, das soziale und das kulturelle Subsystem der Gesellschaft und seine jeweiligen Wertvorstellungen.

## 2.3 Globalisierung und Digitalisierung

Die deutsche Medienlandschaft befindet sich erneut in der Phase eines fundamentalen Medienumbruchs, welcher in manchen Augen fast abgeschlossen ist.
Von der Dominanz der elektronischen zu Dominanz der digitalen Medien.
Dieser Abschnitt hat allerdings gerade erst begonnen, die Einschätzungen verschiedener Medienwissenschaftler[8] divergieren stark. Allerdings wird diese Entwicklung auch überschätzt. Nach wie vor weisen Printmedien wie Zeitung und Zeitschrift und Tertiärmedien wie Fernsehen und Radio noch die größte gesellschaftliche Dominanz auf.
Tatsächlich spielen die digitalen Medien bereits eine große Rolle, der Wandel zu einer allgemein aufgeschlosseneren Gesellschaft ist in deren Mediennutzung erkennbar.
Die Nutzung von Quartärmedien[9] steigt stetig an, vor allem bei Jugendlichen und jungen Erwachsenen. Kinder und Jugendliche wachsen wie keine zweite Generation zuvor in einer stark von Medien geprägten Welt auf. Dies gilt ganz besonders hinsichtlich der sogenannten Neuen Medien – Computer, Internet und Online-Dienste.
Neuester Sammelbegriff ist „Medien 2.0", gemeint sind Podcasts[10], Blogs[11], Wikis[12] oder soziale Netzwerke. All diese haben selbstverständlich Einfluss auf Jugendliche, Kinder und deren Entwicklung, ihre Meinungsbildung oder ihre grundsätzliche, politische Einstellung und Mentalität.
Laut EIAA[13] hat das Internet das Fernsehen seit 2007 als meist genutztes Medium abgelöst.
Europaweit sind circa 82 Prozent der zwischen 16 und 24 Jährigen im Internet aktiv, lediglich 77 Prozent sehen regelmäßig fern. In Deutschland sind es 75 und 66 Prozent.
Sieht man von der Altersdifferenzierung ab, ist in Europa mit 86 Prozent allerdings das Fernsehen nach wie vor meistgenutztes Medium. Dies wird sich in den nächsten Jahren

---

[9] Quartärmedien: Digitale Medien, produziert mittels Informationstechnologie
[10] Podcasting bezeichnet das Produzieren und Anbieten von Mediendateien (Audio oder Video) über das Internet.
[11] Ein Blog ist ein auf einer Website geführtes und damit, meist öffentlich einsehbares Tagebuch oder Journal.
[12] Wikis sind verbreitete, leicht zu bedienende Systeme, die es ermöglichen, Inhalte im Internet zu veröffentlichen, die von einer großen Anzahl von Nutzern bearbeitet werden können.
[13] http://www.eiaa.net/news/eiaa-articles-details.asp?id=152&lang=3

wahrscheinlich ändern, beachtet man die wachsende Steigerungsrate deutscher Internetverbindungen, von 15 Prozent (2006) und die hohe Verteilung an Breitbandanschlüssen von 61 Prozent, die es problemlos ermöglichen, über das Internet Nachrichten Streams oder sogar fern zu sehen.

Das Internet ist bei Jugendlichen vor allem wegen seiner Vielfältigkeit, Uneingeschränktheit und Unabhängigkeit mittlerweile zum meistgenutzten Medium aufgestiegen. Das Schreiben von E-Mails, Kurznachrichten über so genannte Messenger (ICQ, MSN etc.) ist die Hauptbeschäftigung, ihr liegen ungefähr 60 Prozent zu Grunde, 23 Prozent der Nutzung gehen auf die Suche von Informationen, beispielsweise für die Schule, 17 Prozent auf Online-Spiele und Unterhaltung, wie beispielsweise Videoportale.

Der Fernseher wird bei Jugendlichen nach dem Internet am meisten benutzt, Mädchen favorisieren Serien wie „Gute Zeiten, schlechte Zeiten" und Talkshows. Aus ihnen ziehen sie, was sie in ihrer gegenwärtigen Lebenssituation an Information und Orientierung am ehesten gebrauchen können. Vor allem ihre „Realitätsnähe" und der Umgang mit alltäglichen Dingen lässt diese Sendungen interessant erscheinen. Jungen dagegen schalten öfters bei Spielfilmen und Sportsendungen ein.[14] ().

Das Internet hingegen wird von den Deutschen als aktueller Trendsetter gesehen und bietet eine Menge Gesprächsstoff. Man hört immer öfter von dem neustem YouTube Video, der aktuellsten „Social Networking Site"[15], welche auch als Soziale Medien[16] benannt werden, oder anderen Online-Trends.

## 3.1 Politik und Journalismus

Was haben Politiker und Journalisten gemeinsam? Im Ansehen der Bevölkerung rangieren beide sehr weit unten.[17] Politik, Medien und Gesellschaft bewegen sich in einem ziemlich komplizierten Beziehungssystem. Die Öffentlichkeit fordert Informationen und Aufklärung. Doch sie traut den Medien nicht über den Weg. Sind Presse und Rundfunk wirklich so unabhängig, wie sie behaupten. Beeinflusst nicht Politik Journalismus und Journalismus Politik? Doch noch weniger Vertrauen flößen die Personen der Politik ein, das Verhältnis zwischen Wähler und Politiker ist getrübt durch Schlagworte wie Globalisierung, Finanzkrise, Massenarbeitslosigkeit oder Islamisierung.

Die Politik wiederum reagiert reflexartig mit einer heftigen Medienschelte, laut 97 Prozent von befragten Bundestagsabgeordneten ist die „Art, wie Journalisten über Politik berichten" der wichtigste Faktor des Vertrauensverlustes, so das Ergebnis einer Umfrage des Wissenschaftszentrums Berlin für Sozialforschung. Erst mit Abstand folgen weitere Ursachen wie beispielsweise „überzogene Versprechungen von Politikern".[18]

Entsprechend verärgert reagieren die so Gescholtenen, der Vorsitzende des Deutschen Journalistenverbandes, Michael Konken, forderte die Politiker zur Selbstkritik auf.

---

[14] http://www.folienkasten.de/download/gzsz.pdf
[15] Primär dafür gedacht, dass sich Menschen zu bestimmten Themen untereinander vernetzten und austauschen.
[16] Soziale Netzwerke und Netzgemeinschaften, die als Plattformen zum gegenseitigen Austausch von Meinungen, Eindrücken und Erfahrungen dienen. Als Kommunikationsmittel wird dabei Text, Bild, Audio oder Video verwendet. Populäre Medien sind dabei Internetforen, Mailinglisten, Weblogs, Podcasting, Vlogs, Wikis und Social-Bookmarking-Dienste. (Flickr (Foto-Plattform), YouTube (Video-Plattform), Del.icio.us, Mister Wong (Social-Bookmarking-Plattformen), Studi.vz, Schueler.cc (Freunde-Netzwerk)
[17] http://www.ifd-allensbach.de/news/prd_0802.html
[18] http://www.spiegel.de/politik/deutschland/0,1518,346535,00.html

Erfolg hatte er damit wahrlich nicht viel, was beispielsweise am Abend der Bundestagswahl 2005 erkennbar ist. Gerhard Schroeder proklamierte sich nicht nur als nächster Bundeskanzler, sondern hieb auch auf die Presse ein. Diese habe seine Regierung systematisch diffamiert.[19]

Auch der ehemalige Bundespräsident Johannes Rau beklagte einmal, dass es im Journalismus zu viel Krawall und Geschrei gebe. Dem stimmt Kurt Kiste von der Süddeutschen Zeitung nur bedingt zu. Dem Produktionsprozess innerhalb der politischen Nachrichtenmaschine liegt nämlich nicht nur die politisch korrekte Arbeit der Journalisten zugrunde. Die Methode der Nachrichtenarbeit hatte zwischenzeitlich und nachwievor mehrere Instanzen der journalistischen Auf- und Bearbeitung. Ein Politiker sagt, vielleicht sogar unbedacht einen Halbsatz, ein Journalist greift ihn auf, die Nachrichtenagenturen ziehen ihn hoch und plötzlich entsteht aus einem Thema Politik. Dieses mögliche Szenario ist nur eines von vielen ähnlich gelagerten Beispiele die zu der These führen, dass die Parteiendemokratie sich immer stärker zur Mediendemokratie entwickelt.[20] Zu erkennen ist dies seit den 1990er Jahren. Damals attestierte der *Bericht zur Lage des Fernsehens* (vgl. Jo Goebel, Bericht zur Lage des Fernsehens, 1995), erstellt für den Bundespräsidenten, zum einem eine gestiegene Professionalität von Politikern im Umgang mit den Medien, und zwar einerseits, was die Sachinformationen anginge, aber auch in Bezug auf Platzierung und Inszenierung von Ereignissen: „Im Verlauf dieser Metamorphose wandelt sich sachbezogene, auf verbindliche Entscheidungen bezogene Politik zunehmend in symbolische Politik […]. Diese vom Fernsehen provozierte Politik entspricht einer Rückkehr zur höfischen Öffentlichkeit […]. Von den Politikern verlangt der Fernsehauftritt zudem vor allem darstellerische Qualitäten, die in keinem Zusammenhang zu politischen Leistungen stehen, aber über den politischen Erfolg entscheiden. Denn als erfolgreich gilt der Politiker mit den darstellerischen Fähigkeiten auch dann, wenn seine politischen Leistungen deutlich dahinter zurück bleiben.

Umgekehrt verblassen politische Leistungen, sobald das Talent zur Medienperformance fehlt."[21]Dieser Prozess hat sich in den vergangenen Jahren noch beschleunigt. Politiker agieren auf der politischen Ebene, als würden sie Regieanweisungen des Aristophanes[22] folgen, Politik wird immer mehr zum Theater.

Und aufgeführt werden die Stücke, sobald eine Kamera läuft. Die mediale Politik muss unterhaltsam, dramatisierend, personalisiert und mit dem Drang zum Bild inszeniert werden. Betrachtet man diese drei Adjektive aus historischer Sicht, ist es zu Propaganda[23] und Agitation[24] nicht weit.

"Der Rundfunk muss der Regierung die fehlenden 48 Prozent zusammentrommeln, und haben wir sie dann, muss der Rundfunk die 100 Prozent halten, muss sie verteidigen, muss sie so durchtränken mit den Inhalten unserer Zeit, dass niemand mehr ausbrechen kann", so Joseph Goebbels im März 1933.Von Propaganda spricht man vor allem zu Zeiten des dritten Reiches. Sieht man von den weniger erforschten Medien wie Plakat und Flugblatt in dieser Zeit einmal ab, so kann man zumindest zwischen fünf Schwerpunkten unterscheiden. Als erstes der Hörfunk, systematisch unterstützt durch Goebbels, unter der der Parole "Rundfunk in jedes deutsche Haus" begann die Massenproduktion von billigen Kleinradios, so genannten Volksempfängern. Mit dieser

---

[19] Der Tagesspiegel, 16.03.2005
[20] Thomas Meyer, Die Theatralität der Politik in der Mediendemokratie, S. 12-19
[21] Thomas Meyer, Die Theatralität der Politik in der Mediendemokratie, S. 14
[22] http://de.wikipedia.org/wiki/Aristophanes
[23] ein absichtlicher und systematischer Versuch, Sichtweisen zu formen, Erkenntnisse zu manipulieren und Verhalten zu steuern
[24] die meist aggressive Beeinflussung anderer, in politischer Hinsicht

Aktion sollten möglichst viele Hörer für die offiziellen Propagandasendungen erreicht werden. Nach außen hin wurde hingegen die Befriedigung sozialer Bedürfnisse verkündet. Die politische Bedeutung der Geräte wurde auch von den Gerichten bestätigt[25]. Als zweites das in der Entstehung begriffene und in Vorformen realisierte Fernsehen, drittens den Kinofilm (wie beispielsweise Jud Süß[26] und ähnliche), viertens das Medium Buch, fünftens die Printmedien, speziell Zeitung und Zeitschriften. Das Reichsministerium für Volksaufklärung und Propaganda unterstand Joseph Goebbels, dem bereits 1933 der komplette Rundfunk zur Überwachung und politischen Instrumentalisierung unterstellt wurde. Im selben Jahr wurde die Pressefreiheit außer Kraft gesetzt (zum Beispiel mittels Schriftleitergesetz[27]). Dem folgte ein unerhörter und unvergleichlicher Prozess genereller Gleichschaltung und „Säuberung". Reinhard Döhl fasste diesen Prozess als agitatorische Durchsetzung nationalsozialistischer Herrschaftsinteressen in allen öffentlichkeitsrelevanten Kommunikationsmedien ohne Kompromisse und Einschränkungen, als Vorstufe zum Terror der totalitären Propaganda zusammen.

## 3.2.1 Wie Medien überall wirken können

Zeitunglesen, Radiohören und Fernseher gucken kostet Zeit. Das verändert die Art und Weise, wie die Menschen ihre Freizeit verbringen. Vor allem das Fernsehen bestimmt bei vielen Familien und Alleinstehenden den Ablauf des Alltagslebens. So wird beispielsweise abends vor den Hauptausgaben der Nachrichten gegessen, der erste heimatliche Gang geht nach der Schule oder der Arbeit an den Computer und in das Internet oder auf die Couch, an den Fernseher.

Als am 9. November westliche Medien meldeten „DDR öffnet Grenze[28]", veranlasste dies tausende von Fernsehzuschauern an die Grenzübergange zu eilen. Erst ihr Erscheinen führte zur Öffnung der Mauer, welche zur Zeit der Berichterstattung noch geschlossen war.

Die Medien können also einen dynamischen Mobilisierungsprozess auslösen, welcher angekündigte Ereignisse Wirklichkeit werden lassen kann. Aktuelles Beispiel wäre die Finanzkrise welche, subjektiv betrachtet, ihren Ursprung im US-amerikanischen Suprime[29] Markt und der unüberlegten Vergabe von Suprime-Krediten, im Immobilienmarkt hat.

Gleichwohl ist es zu kurz gegriffen, wenn man allein die Entwicklung an den Kapitalmärkten als Ursache für die erhöhte Unsicherheit und Vertrauenskrise ausmacht. Interpretiert ein Wirtschaftssubjekt, ob Kunde, Banker oder Finanzier, bestimmte Informationen zum Beispiel so, dass sein künftiges Einkommen niedriger als bisher erwartet ausfällt, dann wird er mit großer Wahrscheinlichkeit sein heutiges Konsumverhalten und Investitionsverhalten überprüfen und gegebenenfalls anpassen. Damit ist nicht gesagt, dass Journalisten unverantwortlich bei der Informationsauswahl und der Informationsaufbereitung handeln. Erst recht wäre es nicht angemessen, sie als Verursacher für den Abschwung darzustellen.

Allerdings ist die derzeitige Krise vor allem eine Vertrauenskrise, die erhebliche

[25] http://www.dra.de/rundfunkgeschichte/75jahreradio/nszeit/haus/2201.html
[26] http://de.wikipedia.org/wiki/Jud_Süß_(Film)
[27] http://weimarer-republik-drittes-reich.suite101.de/article.cfm/schriftleitergesetz_verordnungen
[28] Bericht: http://www.chronik-der-mauer.de/index.php/de/Start/Detail/id/631139/item/7/page/0
[29] Kredite, die wissentlich an Verbraucher mit geringer Bonität vergeben werden. Obwohl die Finanzierungsgeber hier regelmäßig Ausfälle verbuchen müssen - so genannte "faule Kredite" - sind diese Verluste einkalkuliert und rechnerisch durch höhere Zinsen und andere Tilgungsmodalitäten gegenfinanziert.

Unsicherheiten hinsichtlich der Zukunftserwartungen von Unternehmen und Menschen und erzeugt. Medien könnten hier Beiträge leisten, die Unsicherheiten zu reduzieren und aufzuklären, in dem zum Beispiel mehr Fachinformationen transportiert werden und nicht jeder Kreditausfall zum Worst-Case[30] hochstilisiert wird.

## 3.2.1 Wie Medien bei mir wirken können

„Dosis sola venenum facit"[31], dass allein die Menge das Gift macht gilt nicht nur für die Naturwissenschaft. Fernsehen wird häufig viel zu exzessiv genutzt. Der durchschnittliche Vielseher zeichnet sich durch verschiedene Parameter aus. Er ist häufig hohen Alters, hat einen niedrigen sozio-ökonomischen Status (geringe Bildung, Arbeitermilieu) und lebt alleine, beziehungsweise einsam.[32]
Vielsehen dient offenbar dazu, Einschränkungen und (seelische) Verletzungen, die aus den Beschwernissen des Alters, aus wirtschaftlichen beziehungsweise finanziellen Zwängen (Arbeitslosigkeit) oder gesellschaftlichen Zurücksetzung entstehen, zu kompensieren.
Diese Flucht in virtuelle Welten, gibt es allerdings auch in anderen Zielgruppen und vor allem auch anderen Medien, allen voran der Computer mit dem Internet.
Den Befunden zufolge neigen Vielseher zu Ängstlichkeit[33], dabei muss freilich offen bleiben was Ursache und was Wirkung ist. Macht Vielsehen ängstlich oder verfallen chronisch Ängstliche eher dem Vielsehen?
Als besonders beeinflussbar gelten Kinder. Auf welche Weise und wie stark Fernsehen ihr Verhalten formt, ob dies mehr als Nutzen oder als Schaden zu bewerten ist, darüber sind sich Wissenschaftler und Pädagogen nicht einig.
Für Vorschulkinder sind nach wie vor die "Sesamstraße" und "Die Sendung mit der Maus" sehr empfehlenswerte und sorgfältig produzierte Sendungen, so die Bundeszentrale für politische Bildung.
Die Sesamstraße richtet sich mit ihren emotionalen Liedern, Lern- und Bildergeschichten eher an die jüngeren Vorschulkinder und wird montags bis samstags im Kinderkanal um 8.00 gesendet. Ihr Erfolg über viele Jahre liegt an der Lebensnähe und den charakterstarken Hauptdarstellern, die für Kinder attraktive Identifikationsangebote sind.
Die Sendung mit der Maus ist nach wie vor für Vor- und Grundschulkinder eine spannende Magazinsendung, die mit der Mischung aus Lach- und Sachgeschichten neben den Kindern auch häufig den Nerv von Erwachsenen trifft – oder wissen Sie schon, ob Seesterne sehen können? Zu den beliebten Trickserien zählen in der Sendung mit der Maus "Lars der Eisbär", Janoschs "Bär und Tiger", "Der Maulwurf" oder "Käpt`n Blaubär".
Allerdings muss bei allen jeweiligen Bildungsprogrammen und Unterhaltungsprogrammen differenziert werden. Alter der Kinder, ihr Entwicklungsstand, ihr familiäres und soziales Umfeld müssen beachtet werden. Drei- bis Achtjährige verstehen am ehesten einfache „Wenn-Dann-Geschichten". Hierin liegt ein Grund warum Werbung bei ihnen so beliebt ist.
Dass sie auch nachhaltige Wirkung erzeugt, belegt ein einfaches Beispiel. „Für eine

---

[30] Dieser Begriff wird vor allem in der Unternehmensplanung verwendet. Dort werden verschiedene zukünftige Ereignisse, die Einfluss auf die Entwicklung des Geschäftes haben könnten, gedanklich durchgespielt. Der "worst case", der "schlechteste Fall", wäre dann die ungünstigste Situation, die eintreten könnte. Gegensatz: best case, "im besten Fall".
[31] http://de.wikipedia.org/wiki/Paracelsus
[32] Massenmedien in Deutschland, Seite 272
[33] http://de.wikipedia.org/wiki/Kultivierungsthese

Mal-Aktion in bayerischen Kindergärten wurden 1995 rund 40.000 Bauernhof-Poster verschickt. Auf einem Drittel der zurückgesandten Bilder waren die Kühe lila ausgemalt" – wie in der Werbung des Schokoladenherstellers Milka (Suchard).[34] Wie in 2.3 beschrieben wächst vor allem bei Jugendlichen die Nutzung des Internets und übersteigt sogar die des Fernsehers[35].

Viele Kinder, mehr noch Jugendliche, sind heute mit einem Mobiltelefon und einem Computer ausgestattet; viele verbringen täglich bis zu mehrere Stunden vor dem Bildschirm: im Internet. Da die Welt, in der wir leben, uns prägt, hat auch der Aufenthalt in den virtuellen Lebensräumen Auswirkungen auf die Menschen, die sich in ihnen bewegen. Dies gilt insbesondere für Heranwachsende. Und je jünger diese sind, umso weniger reale Lebenserfahrung besitzen sie, mit der sie die virtuellen Erfahrungen abgleichen könnten.

Mädchen und Jungen bzw. Frauen und Männer verhalten sich bei der Mediennutzung sehr unterschiedlich: Frauen fühlen sich vor allem durch die Kommunikationsmedien (Telefon, Handy, Chat, etc.) angesprochen, nutzen diese Möglichkeiten sehr intensiv; bei Männer sind es vor allem Computerspiele.

Die modernen Kommunikationsmedien (Handy, Internet) bieten neben vielen interessanten Möglichkeiten auch jene, den Gesprächspartner im Unklaren über seinen Aufenthalt zu lassen bzw. ihn ganz bewusst zu belügen. Wer vor zwanzig Jahren jemanden anrief, wusste in der Regel einigermaßen genau, wo sich die angerufene Person befand. Seit es das Mobiltelefon gibt, ist das anders. Handy-Besitzer sind - vorausgesetzt das Gerät ist eingeschaltet - permanent erreichbar, der Anrufer weiß allerdings nicht, wo sich sein Gesprächspartner gerade befindet. Dies hat zweifellos eine negative Wirkung auf Kinder und Jugendliche.

Wenn meine Eltern unsicher waren, ob ich wirklich zu dem angegebenen Freund gegangen war, haben sie dort angerufen und entweder jemanden erreicht, der ihnen Auskunft über mich geben konnte, oder sie waren sich nun sicher, dass ich geflunkert hatte. Viele Eltern statten ihre Kinder heute aus einem verständlichen Sicherheitsbedürfnis heraus mit Mobiltelefonen aus. Sie wiegen sich damit in dem Gefühl, jederzeit Kontakt zu ihren Kindern aufnehmen und sie damit ein wenig kontrollieren zu können. Umgekehrt gehen sie davon aus, dass diese - auch oder gerade wenn sie in Gefahr geraten - sie jederzeit anrufen können. Doch diese Sicherheit ist trügerisch: Zum einen sind die Täter heute längst darauf eingestellt, dass ihre Opfer Handys haben, zum anderen können sich die Kinder durch entsprechende Falschaussagen viel einfacher der Kontrolle ihrer Eltern entziehen. Die Folge dieser Entwicklung sind solche Angebote wie "Track your kid"[36], die es Eltern ermöglichen, wann immer sie wollen den Aufenthaltsort des Handys ihres Kindes über das Internet abzufragen. Die vermeintliche neue Freiheit führt damit allerdings - umgekehrt - in eine ganz neue Form der Überwachung und Unfreiheit.

Ein weiterer Faktor, zumindest bei textbasierten Kommunikationsmitteln - SMS, E-Mail und Chat - ist die Anonymität. Natürlich hat diese auch ihre Vorteile und kann eine echte Hilfe und Erleichterung sein: Wenn wir es mit maschinell geschriebenen Mitteilungen zu tun haben, steht allein der Inhalt im Vordergrund, und wir werden nicht durch Äußerlichkeiten, noch nicht einmal durch eine Handschrift, davon abgelenkt. Dies bietet vor allem unsicheren Menschen die Möglichkeit, selbstsicherer aufzutreten. Voraussetzung ist allerdings, dass man etwas mitteilen möchte, nicht nur mit seinen Äußerungen wahrgenommen werden will, und, dass ein echtes Interesse an dem besteht,

[34] http://www.milka.de/milka/page?siteid=milka-prd&locale=dede1&PagecRef=55
[35] Vgl. Seite 5, Zeile 24
[36] http://www.trackyourkid.de

was andere mitzuteilen haben. Ist diese Bedingung erfüllt, kann eine Begegnung in der virtuellen Welt auch auf die Realität übertragen werden.

Wer sich jedoch hinter der Anonymität versteckt, vorgibt, jemand anderes zu sein, anders auszusehen, anderes zu tun als in Wirklichkeit, der oder die verbaut sich von vornherein die Möglichkeit, die virtuellen Kontakte auch in die Wirklichkeit zu übertragen. Dies kann der Ausgangspunkt einer potentiellen Internetsucht sein: Wer sich in der realen Begegnung unsicher fühlt und in der virtuellen Begegnung mit falschen Angaben auftritt, kann vielleicht viele virtuelle Freunde gewinnen, aber die Unsicherheit, in der realen Welt Kontakte zu knüpfen, wird noch größer, die Möglichkeit in der Realität zurecht zu kommen, kann allmählich verbaut werden.

Die Netiquette, also die ungeschriebenen Regeln korrekten Verhaltens im Internet, die auch die eigene Sicherheit betreffen, sind den allermeisten Kindern und Jugendlichen, die sich im Internet bewegen, bekannt. Dennoch kommt es immer wieder vor, dass sie - insbesondere Mädchen - zu Opfern realer Verbrechen, vor allem sexuellen Missbrauchs werden. Die fassungslosen Angehörigen und Freunde können nicht verstehen, wie es dazu kommen konnte. Die Kinder wussten doch, dass sie im Internet - gerade beim Chat mit Unbekannten - keine persönlichen Informationen, wie Adressen oder Telefonnummer preisgeben sollten. Es gilt daher, einen genaueren Blick auf die Art und Weise der Kommunikation im Internet und deren Dynamik zu werfen.

Im realen Leben werden die Partner im Zustand akuten Verliebt seins idealisiert. Wenn später schrittweise die Ernüchterung eintritt, wird jede Beziehung auf eine harte Probe gestellt. Bei Beziehungen, die in online Chats entstehen, kann es dabei regelrecht zum Absturz kommen, denn hier verliebt man sich nicht in den anderen Menschen, sondern allein in die Vorstellungen, die man sich von diesem macht. Hier liegt der Grund dafür, dass die allermeisten Beziehungen, die auf diesem Wege zustande kommen, nicht lange halten - vor allem dann nicht, wenn einer oder beide bei den virtuellen Begegnungen nicht ehrlich waren.

Heutzutage häufig an den neuen, regional so genannten „Schueler.cc Beziehungen" erkennbar. Voraussetzung dafür, dass die Chat-Beziehung sich im realen Leben bewährt, ist Aufrichtigkeit. Und das echte Interesse am Anderen muss das Bedürfnis nach Selbstdarstellung überwiegen.

Die zweifellos vorhandenen Vorteile der virtuellen Kommunikationsräume können dann genutzt und die Gefahren entsprechend minimiert werden, wenn sich die Nutzer durch persönliche Reife auszeichnen. Wenn diese Reife nicht erreicht ist, und das gilt im Grundsatz für alle Kinder und Jugendlichen unter 14 Jahren und für viele auch noch darüber hinaus, überwiegen die Gefahren.

Dann kann die virtuelle Welt zur Falle werden: Hier trifft man auf Menschen, die einen rundherum bestätigen: Hier kann man sich so darstellen, wie man gerne wäre - und wird dafür geachtet und geliebt. Je weiter sich die Selbstdarstellung von der Wirklichkeit entfernt, umso schwieriger wird es, die Wirklichkeit zu akzeptieren. Die Betroffenen ziehen sich dann nicht selten immer mehr aus realen Beziehungen zurück; die selbstkreierte virtuelle Persönlichkeit wird für sie immer bedeutsamer.

Anders als in früheren Generationen, in denen es auch Stubenhocker und Tagträumer gab, vermittelt die virtuelle Welt die Illusion, man könne die eigenen Träume tatsächlich leben. Angebot wie "Second Life" und Onlinespiele wie "World of Warcraft" sind die konsequente Fortsetzung dieser Entwicklung[37]: Hier kann man sich

---

[37] Second life ist eine virtuelle Parallelwelt, in der die Teilnehmer sich nicht nur einen Avatar gestalten, sondern eine Wohnung oder ein Haus. Es werden dort virtuelle Arbeiten geleistet, mit denen virtuelles Geld verdient werden kann, mit dem dann virtuelle Anschaffungen (Kleider, Möbel, etc.) getätigt werden können.

ein virtuelles Abbild, einen so genannten Avatar[38], seiner Möchtegernpersönlichkeit schaffen und mit dieser Persönlichkeit in einer virtuellen Parallelwelt leben.


## 3.3 Medienmärchen

Untersuchungen zu Folge, wird in den Medien bis zu 46 Prozent mehr gelogen als noch vor zehn Jahren.[39]Die Tendenz ist steigend, vor allem durch ein noch breiteres Medienensemble, als vor zehn Jahren, wird die Dunkelziffer mittlerweile noch höher liegen.

Häufig kann man natürlich von „harmlosen" Falschmeldungen, welche im besten Fall noch am Erscheinungstag dementiert werden, sprechen. Doch all zu oft gipfeln diese vorschnellen Wahrheiten in Maßlosigkeiten, welche teilweise schon als komisch, sogar lachhaft bezeichnet werden können.

Drastische Beispiele finden sich vor allem bei der Kriegsberichterstattung oder aber der Kriegsvorbereitung. So wurde beispielsweise am 10.Oktober 1990, die fünfzehnjährige Nayirah für eine Weile das einflussreichste Mädchen der Welt. [40] Vor dem Menschenrechtsausschuss des amerikanischen Kongresses berichtete die junge Kuwaiterin von entsetzlichen Grausamkeiten, die die irakischen Besatzer in ihrer Heimat begangen hatten. Sie berichtete über den mehrfachen Mord an Frühgeborenen, während der irakischen Besetzung Kuwaits. Soldaten Saddam Husseins hätten aus einer Entbindungsklinik Brutkästen geraubt, während sie fünfzehn frühgeborene Babys auf dem kalten Fußboden ihrem Schicksal überließen. Die Abendnachrichten aller Fernsehstationen des Landes berichteten von der Anhörung in Washington. [41] Der Senat stimmte schließlich mit 52 zu 47 Stimmen für einen Krieg gegen den Irak, was 1991 zum Zweiten Golfkrieg führte. Später stellte sich heraus, dass es sich bei dem Mädchen um Nijirah al-Sabah, die Tochter des kuwaitischen Botschafters in den USA, handelte. Die Organisation Citizens for a Free Kuwait[42] hatte die Firma Hill & Knowlton[43] beauftragt, Nayirahs Geschichte (die von Lauri Fitz-Pegado erfunden worden war) publik zu machen. Zwei Krankenschwestern der betreffenden Entbindungsstation bestätigten später, dass Nayirah nicht dort gearbeitet habe. Hill & Knowlton erhielt für dieses Publikmachen des Krieges später 14 Millionen Dollar von der US-Regierung. und die von ihr beschriebenen Vorfälle niemals stattgefunden hätten.

In kleinerem Maßstab findet sich sowas vor allem in so genannten „Castingshows". Traditionell veröffentlicht RTL am Montag nach dem Ende von Deutschland sucht den Superstar (DSDS) die Zahlen zu den Abstimmungen der Motto-Shows. Diese sind für die fünfte, 2008 geendete Staffel von DSDS eindeutig: Der Sieger und Superstar-Titelinhaber Thomas Godoj war von Beginn an, der große Favorit des Publikums[44]. Er erreichte jedes Mal mindestens 40 % der Anruferstimmen. Seine Konkurrenz weit abgeschlagen.

---

[38] Avatar kommt aus der indischen Mythologie und bezeichnet ein von einem höheren geistigen Wesen besessenes Wesen (Tier oder Mensch), klassischer Weise der Priester, durch den ein Dämon oder Gott spricht und wirkt. Im Computerspiel ist es die virtuelle Figur, die durch den Spieler "beseelt" wird.

[39] Burkhard Müller Ulrich, Medienmärchen; Vorwort

[40] Burkhard Müller Ulrich, Medienmärchen; Seite 150, Zeile 2ff

[41] http://www.sourcewatch.org/index.php?title=The_babies-from-incubators_hoax_and_war_in_the_Persian_Gulf#Suffer_the_Little_Children

[42] http://www.prwatch.org/books/tsigfy10.html

[43] http://www.sueddeutsche.de/politik/950/438694/text/

[44] http://www.dwdl.de/article/news_15894,1.html

Wer so sadistisch war sich, die sicherlich gegen Art. 3 Europäische Menschenrechtskonvention (EMRK)[45] verstoßenden Entscheidungsshows kurz vor Mitternacht anzuschauen hatte aber mehrfach den Eindruck bekommen können, dass Thomas Godoj das eine oder andere Mal in der Gunst des Publikums deutlich gefallen war, da er als potentieller „Rauswurfkandidat" von Foltermeister Schreyl[46] "nach vorne" gebeten wurde. Das alles nur um Spannung aufzubauen, Kandidaten zu schinden und die Quote zu halten.

## 4. Auswertung der demoskopischen Untersuchung

Um einen Einblick in das Nutzungsverhalten von Medien zu bekommen, habe ich Anfang Februar einen Fragebogen online gestellt.

Insgesamt haben 37 Personen teilgenommen, davon waren 17 weiblich und 20 männlich.
Die Teilnehmer waren alle zwischen 16 und 19 Jahre alt.
Ziel der Umfrage war es ein, in Geschlechter differenziertes Bild, der Informationsbeschaffung, Mediennutzung und Meinung zu erlangen.
Ich habe die Ergebnisse der ersten Abfrage, welche Medien täglich genutzt werden, in tertiäre und quartäre Medien unterteilt. Demnach werden Tertiärmedien, vor allem Fernseher und Radio, vornehmlich, mit 58 Prozent, von Frauen genutzt. Männer bevorzugen die Nutzung von Computer und Internet, mit seinen verschiedenen Informationsquellen.
Die Qualität des Informationsgehalts der verschiedenen Medien habe ich wieder in Tertiär- und Quartärmedien unterteilt. 37 Prozent der Männer bewerteten Sekundär[47]- und Tertiärmedien als informativ, 44 Prozent der Frauen bewerten digitale Medien als informativ.
Die dritte Abfrage behandelt die subjektive Beeinflussung durch die verschiedenen Medien, demnach fühlen sich 45 Prozent der Männer durch Sekundär- und Tertiärmedien beeinflusst, 51 Prozent der Frauen durch Quartärmedien. Wegschalten oder ignorieren würden bei Werbung 61 Prozent der männlichen Befragten, wie die vierte Abfrage zeigt. 39 Prozent, gebildet durch Männer, würde Kindersendungen als pädagogisch wertvoll und wichtig einschätzen. Die Zukunft der Medien sehen die Frauen mit 58 Prozent im Fernsehen, dem Radio und Kino, die Männer sehen sie mit ebenfalls 58 im Computer beziehungsweise Internet. In der letzten Abfrage konnten die Befragten aus verschiedenen positiven Adjektiven, wie liberal, informativ, transparent und negativen, wie abhängig oder korrupt, parteiisch oder unwahr, auswählen. Als durchweg positiv wurden die Medien von den männlichen Jugendlichen, mit 62 Prozent, aufgenommen. Diese Erhebung kann natürlich nicht als repräsentativ gelten, abgedeckt wurde erstens nur eine kleine Zielgruppe, zweitens sind die Umfragewerte sehr vage, da es mir nur möglich war, die Ergebnisse von 37 Personen zu nutzen. Abschließend ist zu erwähnen, dass alle Werte beziehungsweise Antworten der Abfragen sehr nah bei einander lagen. Dies lässt auf eine ungefähr gleich große Medienkompetenz beider Gruppen schließen.

---

[45] http://dejure.org/gesetze/MRK/3.html
[46] http://www.medien-gerecht.de/2007/04/29/rtl-foltermeister-marco-schreyl
[47] Unter den Begriff der Sekundärmedien fallen zum Beispiel die Schriftrolle, der Kalender, das Buch und mit Erfindung der Druckerpresse zudem die noch heute geläufigen Medien Zeitung, Zeitschrift, Brief, Flugblatt, Buch, Plakat und Heft. Es handelt sich dabei um Speichermedien, die zu unterschiedlichen Zeitpunkten produziert und rezipiert werden können.

Das Internet ist bei den männlichen Befragten als Informationsquelle beliebter als bei Frauen, welche den Fernseher präferieren. Werbung wird von den männlichen Befragten zumeist gemieden, bei den Frauen tut dieses jedoch nur ein relativ geringer Prozentsatz. Zurückzuführen ist dies auf ein unterschiedliches Konsumverhalten[48]. Zu beachten ist außerdem noch die hohe Divergenz bei der letzten Abfrage, eine Differenz von 24 Prozentpunkten.

## 5. Abschließendes Fazit

Wenn ich die letzten Tage und Stunden, die ich damit verbracht habe meine Facharbeit zu schreiben, Revue passieren lasse, werden mir wohl kaum schwerere dieses jungen Jahres einfallen. Es fiel mir fast noch schwerer ein Ende als einen Anfang der Facharbeit zu finden, geschweige denn, die Limitierung der Seitenzahlen einzuhalten. Probleme bereitete es mir auch, einen vernünftigen und verwertbaren Ausgang für den praktischen Teil meiner Facharbeit, die demoskopische Erhebung, zu erhalten.

Schwer fiel es mir auch, den historischen Teil meiner Arbeit, die Mediengeschichte, knapp zu halten. Obwohl ich vieles nur sehr knapp behandelt habe und auch einige wichtige Themen nicht beschrieben habe erstreckt sich dieser Bereich allein schon fast auf vier Seiten. Die für mich wichtigsten, weil aktuellsten Aspekte im dritten Abschnitt, schlagen auch mit insgesamt sieben Seiten zu Buche.

Die gesamte Arbeit erachtete sich als schwerer als gedacht, was mir vor allem bei der Abarbeitung des praktischen Parts auffiel. Während der gesamten Arbeit habe ich mich meist auf Fachliteratur gestützt, welche selbst den Großteil ihrer Erkenntnisse mittels groß angelegter Erhebungen erhielten.

Mir persönlich hat die Arbeit allerdings auch Spaß gemacht, viele meiner Erkenntnisse regen, auf jeden Fall mich, zum Nachdenken und Überdenken an. Insbesondere der Missbrauch und Fehlgebrauch von Medien, beides wird vom Großteil der Gesellschaft kaum wahr genommen, werden mir mittlerweile viel offensichtlicher.

Mittlerweile überlege ich genau, ob das was ich da lese auch wirklich stimmen kann, versuche häufig zu verifizieren und vergleichen. Vor allem das Medium Fernsehen ist mir negativ aufgefallen, unseriöse und profitorientiere Berichterstattung steht, vor allem bei den privaten Sendern, über der ehrlichen Nachrichtenarbeit. Allerdings fiel es mir nie sonderlich schwer Berichte im Fernsehen objektiv zu betrachten, wenn ich mir die Ergebnisse meiner Facharbeit ansehe, bin ich sogar froh keinen eigenen Fernseher in meinem Schlafzimmer zu haben und meinen Konsum so auf einige wenige Stunden in der Woche zu beschränken.

Letztlich hat mich die Auseinandersetzung mit diesem Thema bereichert und mich einiges neues gelehrt. Natürlich ist diese Art des selbstständigen Arbeitens, erst Recht sein Ergebnis, etwas worauf man stolz sein kann.

---

[48] http://www.maren-becker.de/diplom/node12.html#SECTION0052300000000000000

## Darstellung der Umfrageergebnisse zur Mediennutzung Jugendlicher

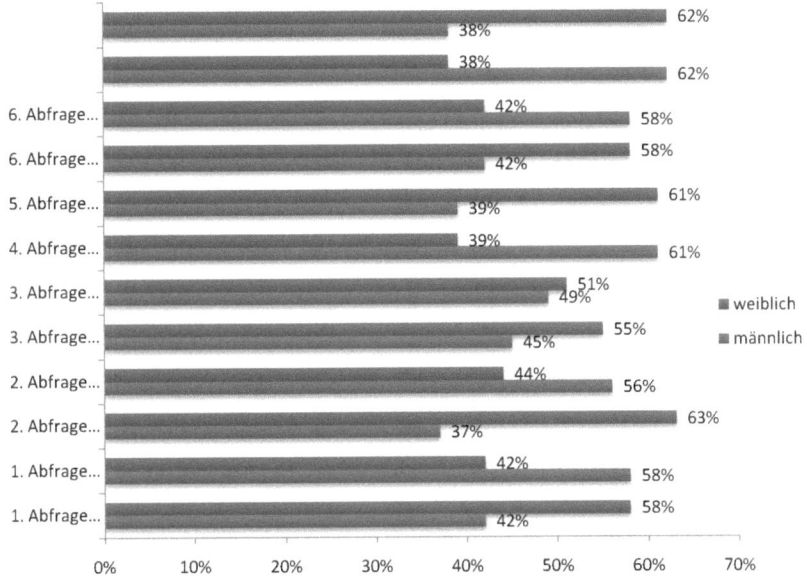

# Bibliografie

## Bücher & Literatur

| Autor | Titel | Auflage | Publizist |
|---|---|---|---|
| Burkhard Müller-Ulrich | Medienmärchen – Gesinnungstäter im Journalismus | 1. Auflage 1996 | München: Karl Blessing Verlag GmbH 1996 |
| Daniel Süss, Armin Schlienger | Jugendliche und Medien | 1. Auflage 2003 | Zürich: Hochschule für Angewandte Psychologie 2003 |
| Fischer Lexikon | Publizistik - Massenkommunikation | 3. Auflage 2004 | Frankfurt am Main: S.Fischer Verlag 1997 |
| Gunter Holzweißig | Massenmedien in der DDR | 1. Auflage 1989 | Berlin: Verlag Gebrüder Holzapfel 1989 |
| Hermann Meyn | Massenmedien in Deutschland | 1. Auflage 2001 | Konstanz: UVK Medien 2001 |
| Bernd Vehlow | TimeBudget 12 | 1. Auflage 2005 | Unterföhring: SevenOne Media GmbH |
| Judith Pradler | Erlebnis Fernsehen | 1. Auflage 2007 | Unterföhring: SevenOne Media GmbH |
| Thomas Meyer | Die Theatralität der Politik in der Mediendemokratie | 1. Auflage 2003 | Bonn: Bundeszentrale für politische Bildung 2003 |
| Werner Faulstich | Mediengeschichte von 1700 bis ins 3. Jahrtausend | 1. Auflage 2006 | Göttingen: Vandenhoeck & Ruprecht 2006 |
| Wolfram Schrag | Medienlandschaft Deutschland | 2. Auflage 2008 | Konstanz: UVK Medien 2007 |

# Bibliografie

## Internet

| Autor | Titel | URL |
| --- | --- | --- |
| Stefan Großmann & Jens Gehrke | Systematisierung von Medien nach Technikeinsatz | http://www.uni-lueneburg.de/medienkulturwiki/medienkulturwiki2/index.php/Medien/Systematisierung_von_Medien_nach_Technikeinsatz |
| The European Interactive Advertising Association | Junge Deutsche surfen online statt fernzusehen: Internet löst TV als meist genutztes Medium ab! | http://www.eiaa.net/news/eiaa-articles-details.asp?id=152&lang=3 |
| KSA-Archive 2001 | Fakten zum Fernsehkonsum von Jugendlichen in Deutschland | http://www.folienkasten.de/download/gzsz.pdf |
| Institut für Demoskopie Allensbach | Die Allensbacher Berufsprestige-Skala 2008 | http://www.ifd-allensbach.de/news/prd_0802.html |
| Spiegel | Politiker schieben Verantwortung auf Journalisten ab | http://www.spiegel.de/politik/deutschland/0,1518,346535,00.html |
| Sourcewatch | Citizens for a Free Kuwait | http://www.sourcewatch.org/index.php?title=The_babies-from-incubators_hoax_and_war_in_the_Persian_Gulf#Suffer_the_Little_Children |
| Maren Becker | Das Geschlecht als Marketing-relevante Variable | http://www.maren-becker.de/diplom/node12.html#SECTION0052300000 0000000000 |